AF440354

RÉGENCE

D'ALGER.

IMPRIMERIE DE P. DUPONT ET G. LAGUIONIE,
RUE DE GRENELLE SAINT-HONORÉ, N° 55.

RÉGENCE

D'ALGER.

PEUT-ON LA COLONISER?

COMMENT?

Par M. J. B. FLANDIN,

S.-Intendant militaire.

PARIS,

Chez FÉRET, LIBRAIRE, AU PALAIS-ROYAL,

GALERIE DE NEMOURS.

1833.

AVANT-PROPOS.

Du moment que M. le maréchal Clauzel eut
fait connaître son intention d'interpeller le ministère sur sa pensée à l'égard d'Alger, on attendait
avec une impatiente curiosité, avec un vif intérêt, et ses interpellations, et les explications qu'elles provoqueraient.

L'impatience publique a-t-elle été satisfaite ?

Je ne le pense pas.

Les questions posées par M. le maréchal Clauzel ont été celles-ci :

1re. — Voulez-vous seulement occuper quelques points sur la côte de la régence d'Alger ?

2e. — Voulez-vous coloniser Alger ?

3e. — Voulez-vous abandonner ou céder Alger ?

Ces graves questions appelaient, peut-être, des
développemens qui missent les représentans du
pays, et l'opinion publique, à même d'en apprécier
l'utilité, et d'en mesurer la portée.

Il est fâcheux que M. le maréchal Clauzel n'ait
pas jugé à propos de les donner; mais peut-être
a-t-il pensé que ceux qui étaient nécessaires
pour éclairer la discussion à laquelle ses interpellations devaient donner lieu se trouvaient dans

l'écrit qu'il avait, peu de jours auparavant, distribué aux chambres.

Le ministère, par l'organe de son président, a répondu négativement sur la troisième question.

Ainsi la France est libre d'user de sa conquête comme elle le croira plus convenable à ses intérêts, et le gouvernement est dans l'intention de s'établir fortement en Afrique.

Cette réponse nette et précise implique l'affirmative sur la première question, sans exclure l'occupation des parties de la régence qui ne sont pas encore occupées.

Sur la seconde question la réponse du ministère n'a pas été aussi explicite.

Le gouvernement ne repoussera pas la colonisation; il veut la favoriser; mais il ne pense pas que l'intérêt de la France soit qu'elle s'en charge elle-même, qu'elle en fasse les frais.

Cette opinion du ministère, qui est la mienne, non la mienne d'aujourd'hui, mais mon opinion manifestée dès 1830, soulève une question qui fait la matière de cet écrit.

Une opinion contraire, qui entreprend de s'imposer, et qui trouve de l'écho en France, et surtout dans nos provinces méridionales, veut que le gouvernement colonise la régence d'Alger, c'est-à-dire qu'il y crée un grand système de culture de nos denrées coloniales au profit de la France et du commerce français.

Le gouvernement le veut aussi : on ne diffère que sur le mode de colonisation.

Le principal organe de cette opinion et ses adhérents veulent que le gouvernement s'impose la tâche de coloniser, d'appeler des cultivateurs, de provoquer la formation de compagnies qui entreprendraient de grandes cultures sur des terres qu'il leur concéderait.

Mais pour que le gouvernement pût faire cela, il faudrait qu'il eût la propriété légalement acquise des terres du pays qu'on veut le contraindre à coloniser à ses frais, périls et risques.

Or, a-t-il cette propriété? qui la lui a donnée ? où sont ses titres ?

La conquête, répond-on... J'entends; mais la conquête n'a pu donner à la France que les terres qui étaient la propriété personnelle ou particulière du souverain que son armée a vaincu, chassé.

Or, ou je me trompe, ou ces terres sont d'une bien faible étendue, et ne suffiront pas seules à la fondation d'un système colonial par voie de concession des terres à mettre en culture.

La presque totalité des terres cultivables est la propriété des Turcs, des Maures, des Arabes qui ont fui la domination de la France, et celle des naturels encore insoumis et organisés en tribus.

Le gouvernement déclarera-t-il ces terres propriétés françaises, afin de pouvoir les concéder aux colons, isolés ou réunis sous un contrat d'association ? Il n'en a pas le droit; il n'a pas le droit de frapper d'ostracisme et de confiscation leurs anciens propriétaires; et l'eût-il ce droit barbare, impolitique, le soin de la conservation de sa puissance dans ce pays lui recommanderait de n'en pas user.

Les terres qui appartiennent aux individus qui ont fui la domination française et quitté le pays peuvent être réclamées ; leurs propriétaires ont le droit d'en disposer, à moins qu'on ne les mette en demeure de venir s'y établir, ou de les céder à l'administration française contre une juste indemnité. Agir autrement, ce serait s'exposer à des réclamations qui seraient appuyées par celui qui fut suzerain de la régence d'Alger, et dans lesquelles la puissance qui cherche à s'établir dans l'Orient ne manquerait pas de prendre une initiative qui pourrait plus tard amener de dangereux conflits.

Quant aux terres qui appartiennent par contrat ou traditionnellement aux naturels insoumis, la justice et la politique, cette fois d'accord entre elles, veulent qu'on les respecte ; et la seule chose que l'on puisse entreprendre à leur égard, c'est de diriger leurs propriétaires vers un système de culture plus général et plus avantageux. Mais, ceci est l'œuvre du temps, d'un long temps, et d'une administration prudente, éclairée, protectrice et bienfaisante... Cette œuvre ne sera jamais bien accomplie sous le régime purement militaire.

Or l'autorité d'un gouverneur militaire, réunissant tous les pouvoirs, n'est que la mise en action de ce régime, trop faiblement modifié par l'action subordonnée d'un intendant civil.

RÉGENCE

D'ALGER.

PEUT-ON LA COLONISER?

COMMENT?

L'événement glorieux de la conquête d'Alger soulève une question qui n'a pas encore été résolue d'une manière explicite : c'est celle de savoir si cette conquête implique celle de toutes les possessions de la régence, ou seulement le territoire d'Alger, en y ajoutant Bonne et Oran que nous occupons militairement, comme nous occupons Alger.

Le souverain de cette régence ayant été vaincu et dépossédé par nous, la conséquence semble être que la France est entièrement substituée aux droits de ce souverain.

Telle est du moins la prétention de l'opinion qui a vu dans la conquête d'Alger l'acquisition d'une vaste colonie faite au profit de la civilisation et des intérêts matériels de nos provinces du Midi.

Mais comme, lorsqu'il s'agit de dépossession, la force seule donne le droit, la conséquence naturelle de ce principe, c'est que le droit s'arrête frappé d'impuissance là où la force n'agit pas.

Si donc la France prétend se substituer à l'exercice entier des droits de l'ancien dey d'Alger, il faut qu'elle porte ses armes et la puissance de sa force sur tous les points non encore conquis, non encore occupés de la régence.

Ici est la difficulté grande, invincible, à moins des plus grands sacrifices en hommes et en argent : je n'en veux pour preuve que ceux que nous faisons pour occuper, pour conserver les trois villes d'Alger, Bonne et Oran, et, autour de chacune d'elles, à peine deux et trois lieues de terrain qu'il faut couvrir d'ouvrages et de troupes, si nous voulons n'être pas rejetés dans leurs murs à peu près mal défendus.

Or, la France peut-elle, doit-elle, dans l'état de crise où se trouve l'Europe, et en présence des affaires d'Orient qui, quoi qu'on en dise, amèneront bientôt peut-être une collision entre les intérêts qui y sont en conflit; la France peut-elle, doit-elle faire ces sacrifices ? Doit-elle appliquer au complément d'une conquête incertaine, des ressources dont elle peut avoir besoin pour la défense de ses anciens intérêts dans le Levant, pour celle même de son indépendance, d'autant plus prochainement menacée, qu'elle doit s'imposer l'obligation de combattre l'usurpation flagrante d'une partie de la Turquie par la Russie?

Et que l'on ne croie pas, d'après certaines assertions, que pour compléter notre conquête il y a peu de chose à ajouter aux sacrifices que nous faisons déjà.

La force de notre armée d'Afrique pour l'occupation des places d'Alger, Bonne et Oran, telle qu'elle a lieu aujourd'hui, c'est-à-dire sur un territoire très resserré, est de plus de dix-sept mille hommes, pour lesquels on dépense au-delà de dix-neuf millions, dont sept et demi appartiennent aux charges de l'état de guerre (1).

Il reste à conquérir et à occuper bien d'autres points, et surtout le beylik de Constantine, que son possesseur actuel n'est nullement disposé à nous céder.

Celui-là seul exige l'emploi d'une armée spéciale qui devrait être d'autant plus nombreuse et composée de tous les élémens qui assurent le succès, qu'il faudra échelonner des troupes, prendre des positions, établir militairement des communications sur toute la distance qui sépare Constantine du littoral d'où l'expédition se ferait; c'est-à-dire du territoire d'Alger ou de celui de Bonne.

Bonne étant beaucoup plus rapproché, ce serait sans doute sur ce point que l'on rassemblerait l'armée.

Il n'y a point d'exagération à dire qu'il faudra se présenter au Bey de Constantine avec au moins quinze mille combattans; car il faut s'attendre

(1) Voir le budget de 1833.

qu'il réunira contre nous toutes les forces dont il pourra disposer; et c'est dans cette partie de la régence d'Alger que se trouvent les tribus les plus nombreuses et les plus guerrières.

Dix mille hommes seront nécessaires pour couvrir et défendre les communications avec Bonne.

L'armée qu'il faudrait envoyer en Afrique pour entreprendre avec succès la conquête de ce beylik doit donc être de vingt-cinq mille hommes; car on ne devra pas, on ne pourra pas compter sur aucune partie des forces rassemblées sur les trois autres points occupés, attendu qu'elles sont indispensables à leur propre défense.

La conquête de Constantine terminée, et le bey pris ou soumis, force sera de conserver sur les lieux mêmes l'armée qui l'aura faite; car, de même qu'à Alger, Bonne et Oran, elle sera long-temps, bien long-temps dans l'obligation de militer contre les tribus qu'elle aura vaincues; et, placée au centre de cette partie de l'Afrique, elle aura à établir des communications avec des points éloignés, à faire sentir son influence, à imposer la domination de la France à des peuplades nombreuses et insoumises, à des contrées étendues (1).

(1) Ce serait ici le lieu de parler d'un traité qui fut passé, en 1830, entre M. le maréchal Clauzel et le dey de Tunis, pour la cession à ce dey du beylik de Constantine, à la charge par lui de payer à la France une redevance annuelle d'un million ; mais cet examen pourrait, à mon insu, me conduire à une double critique qui déplairait et à l'auteur de ce traité, et au Gouvernement qui ne crut pas devoir l'approuver. A mon avis le traité dont il s'agit, ce traité qui dépouillait la France de l'une des plus

Voilà donc au-delà de quarante mille hommes employés en Afrique pour nous assurer la conquête nominale de la régence d'Alger ; et la France obligée de remplacer annuellement la perte de sept à huit mille hommes que moissonneront les combats sans cesse renaissans entre son armée et les naturels du pays, et l'influence d'un climat dévorant et mortifère, et d'ajouter annuellement aux dépenses ordinaires de l'entretien de ce nombre d'hommes, sur le pied de l'intérieur, une dépense pour l'état de guerre qui excédera vingt millions, et qui viendra après les frais énormes que coûtera l'expédition préparée pour la conquête du beylik de Constantine.

La conquête, une conquête véritable, une possession paisible, ou seulement assurée, la civilisation des naturels, la mise en culture des vastes

riches provinces de la régence d'Alger, était, comme il devait être, vu l'état des choses en Afrique, un véritable contrat Léonin, sans autre garantie de son exécution par celui qui en recevait l'investiture du beylik de Constantine, que celle que nos armes obtiendraient lorsqu'il croirait pouvoir s'affranchir du paiement de la redevance. C'est sans doute la raison qui détermina le Gouvernement à ne pas le ratifier. Mais alors le Gouvernement devait, ou renoncer lui-même à cette partie nominale de sa conquête, en l'aliénant directement contre l'acquisition d'autres intérêts ; ou travailler à s'en assurer la possession par la voie des armes, chose qui lui eût été plus facile en 1830 qu'elle ne l'est aujourd'hui ; attendu que la conquête de Constantine par la France pourra, après le refus de ratifier la cession qui lui avait été faite, paraître menaçante dans l'avenir pour les possessions du dey de Tunis, qui ne voulut peut-être en faire l'acquisition que pour se garantir contre les chances possibles de notre voisinage.

possessions dont nous occuperons les points principaux, la civilisation de l'Afrique, cette grande pensée des philantropes, tout cela, enfin, sera-t-il le prix immédiat ou prochain de tant de sacrifices?

Je n'hésite pas à dire : non ; voilà mes raisons :

La force brutale est la seule que le gouvernement emploie, et qu'il puisse employer pour soumettre les peuplades africaines.

Or cette force peut vaincre ; mais vaincre ce n'est pas soumettre ; et tant qu'un peuple barbare, nombreux et guerrier n'est pas soumis, il faut s'attendre à devoir le combattre tous les jours; il faut le vaincre sans cesse. C'est en quelque sorte une guerre d'extermination qu'il faut lui faire.... Les conséquences pour le pays qui entreprend une guerre de cette nature sont faciles à prévoir.

Il faut donc, pour s'assurer la conquête d'un pareil peuple, recourir à un système mixte dans lequel la force brutale n'entrerait que comme un auxiliaire indispensable, et qui se présenterait aux indigènes comme une garantie de conservation, et non comme un moyen d'attaque.

En d'autres termes, il faut qu'une force morale, civile et industrielle se présente à ce peuple ; qu'elle le conquière par son respect pour le droit de propriété, par l'exemple de ses travaux agricoles, par l'appât des produits qui en sont le résultat.

Un gouvernement, une armée, ne peuvent rien de semblable.

Pourquoi?

Parce qu'il est impossible au gouvernement de

trouver des agens qui n'apportent pas, plus ou moins, dans le pays à conquérir, les uns des théories d'arbitraire, des velléités de tyrannie ; les autres des désirs cupides, et tous à peu près le mépris des mœurs et des usages du peuple conquis ; toutes choses qui aliènent ce peuple, s'opposent à sa soumission, provoquent sa haine pour ce que nous nommons la civilisation, et préparent de fâcheuses catastrophes.

Mais l'intérêt personnel, l'intérêt d'une grande association peut résoudre le problème de la conquête d'un pareil peuple ; il le peut, parce qu'il comprend tout ce que cette conquête, dans laquelle il doit trouver une immense récompense, lui impose de ménagemens, de justice envers ceux qui en sont l'objet, de labeurs dans les travaux de civilisation, de conciliation dans les différends que les grandes questions de propriété, d'administration religieuse, civile et judiciaire feront naître, et qu'il faudra toujours terminer à la satisfaction des naturels lorsqu'on le pourra sans nuire à l'intérêt général, à l'intérêt de l'association, traduit, interprété d'une manière large et généreuse pour ces peuples, dont l'affection sera toujours la meilleure sauve-garde pour ceux qui travailleront à son avènement dans la grande famille des nations civilisées.

Il suit de ce qui précède que le meilleur mode de colonisation, de civilisation de la régence d'Alger, serait de la céder à une grande compagnie que je nommerais *Européenne*, parce qu'elle devrait être reconnue, protégée, en temps de paix comme en temps de guerre, par toutes les puissances d'Europe que notre glorieuse expédition de 1830 a affranchies, gratuitement pour elles jusqu'à ce jour, de la piraterie qui a si long-temps opprimé leur commerce.

Cette compagnie, à la formation de laquelle les notabilités commerciales de l'Europe s'empresseraient sans doute de concourir, et qui serait dans un état constant de neutralité, recevrait la propriété gouvernementale de la régence d'Alger à titre onéreux, sous la condition de payer à la France, à partir d'une époque qui serait fixée, une redevance annuelle pour laquelle elle donnerait, outre l'hypothèque légale sur le territoire cédé, une garantie suffisante.

Et comme cette compagnie ne pourrait pas improviser de suite la flotte ni l'armée dont elle aurait besoin pour sa défense, la France lui fournirait l'une et l'autre pendant le nombre d'années qui serait jugé nécessaire, à la charge par cette compagnie de lui rembourser, à des époques reculées, la partie de la dépense extraordinaire que leur entretien occasionerait.

A la voix d'une compagnie qui aurait ce caractère, et qui serait ainsi protégée, les colons arriveraient de tous les pays, parce qu'ils seraient assurés de trouver en Afrique, protection, sûreté, travail, profit, et, avec le temps, propriété garantie par la loyauté des contrats et l'affection des naturels. Or, je demande à ceux qui prétendent *que le plus sûr moyen de coloniser Alger est de le faire gouvernementalement,* s'il est raisonnable de penser que le gouvernement, c'est-à-dire les agens qu'il chargerait du soin de faire la colonisation, apporterait à l'accomplissement de cette grande tâche, cette sollicitude de tous les jours, de tous les instans, qui est une nécessité, un besoin pour l'intérêt personnel?

Les appels du gouvernement seraient au contraire, sans retentissement, sans écho, comme cela s'est vu jusqu'à ce jour, parce qu'ils n'offrent pas une garantie suffisante de protection, de sûreté, de travail, de profit, de propriété.

Le contrat en quelque sorte éternel qui lierait cette compagnie à l'Afrique et aux colons qu'elle y appellerait, serait pour ceux-ci une garantie de cette sollicitude, de l'équité qui présiderait à toutes les transactions et à l'administration de la justice, parce que cette compagnie saurait que du bien-être, du contentement, de la prospérité de ceux qui exploitent sa chose, devront sortir les avantages qu'elle s'est promis de sa vaste entreprise.

Or, ce contrat n'existe pas pour des agens incessamment révocables; et cependant lui seul, fortifié du sentiment de la propriété, peut produire ces résultats bienfaisans, sans lesquels il pourrait bien y avoir en Afrique, sous la direction gouvernementale, réunion plus ou moins nombreuse, pour un temps plus ou moins long, de cultivateurs, de colons; culture plus ou moins générale, mieux ou moins bien dirigée, mais pas de colonisation, pas de civilisation des indigènes.

Tel serait, selon moi, le résultat incertain, à peu près négatif, d'une entreprise de colonisation faite gouvernementalement, en Afrique, c'est-à-dire, par les soins, aux frais, périls et risque du gouvernement.

Tel il serait encore dans le système des compagnies particulières dont a parlé M. le maréchal Clauzel.

J'ajoute, et ceci mérite toute l'attention des hommes qui réfléchissent sur les affaires publiques; j'ajoute que les détails agricoles, commerciaux et industriels dans lesquels la colonisation de la régence d'Alger jettera l'administration qui en sera chargée, ne sont pas de ceux dont un gouvernement, et surtout un gouvernement représentatif, doive accepter la direction et la responsabilité.

Assez d'autres détails administratifs et de comptabilité viennent tous les ans occuper notre parlement, sans qu'il faille encore appeler ses investigations, son examen, son approbation ou sa censure, sur ceux de cessions de terres, d'examen des contrats de ces cessions; de constructions de fermes, d'achats d'instrumens aratoires et de cheptel; d'entretien des colons en santé comme en maladie; de redevance en numéraire ou en denrées; de ventes, d'achats, et de mille autres détails dans lesquels se seraient infaillement introduits le désordre, les abus, la malversation, l'incurie; toutes choses qui n'existeraient pas ou qui seraient inaperçues sous l'administration d'une compagnie unique, d'une compagnie *européenne* qui aurait reçu de la

France la propriété, l'administration et le gouvernement de tout ce qui, dans la régence d'Alger, lui
est acquis par le droit de conquête, tel que je l'ai
défini au commencement de cet écrit.

Une fois constituée, la compagnie *européenne*
serait déclarée souveraine. A elle seule appartien-
drait le droit de proclamer le Code judiciaire, ad-
ministratif, civil et commercial qu'elle croira le
plus propre à assurer le bonheur des peuples remis
à son administration, et à garantir ses intérêts par-
ticuliers : les gouvernemens qui l'auraient prise
sous leur protection n'auraient à cet égard que le
droit de conseil.

Ce système de colonisation et de civilisation serait, sans aucun doute, plus fécond en résultats
heureux, que celui des compagnies partielles
qui demanderaient que des concessions de terres
leur fussent faites.

Pour que l'administration future de la régence
d'Alger soit protectrice de tous les intérêts, sans
acception de races, de mœurs ou de religion, il
faut qu'il y ait dans ceux qui en seront chargés,
unité de vues et d'action ; il faut que cette administration soit paternelle, bienfaisante ; que loin
de pousser brusquement les naturels dans les
voies d'une civilisation qui les effraie, parce qu'ils
ne la comprennent pas, elle les y fasse entrer et
marcher lentement, et toujours en leur montrant
un avantage pour but ; il faut qu'elle voie ses profits plus dans l'avenir que dans le présent ; qu'elle
n'exige de celui-ci que ce qui peut ne pas nuire
aux progrès de celui-là.

Une compagnie unique revêtue du sacerdoce gouvernemental peut seule réaliser tant de bienfaits; tandis que des compagnies partielles, appelées ou accueillies par le gouvernement qui leur ferait des concessions de terres, et les soumettrait à la puissance de ses gouverneurs, importeraient avec elles des rivalités dangereuses, plus propres à reculer l'œuvre de la pacification qu'à l'avancer, et le désir de profits immédiats qui mettrait trop souvent leurs intérêts et ceux des naturels en état de collision. Dans le système de ces compagnies, combiné avec celui des colons isolés, ou exclusif de leur admission, il faudrait que le gouvernement conservât l'administration du pays avec ses charges évidentes et considérables, et ses avantages hypothètiques. Or je crois avoir prouvé que l'action directe et absolue du gouvernement, ruineuse pour la France, sera toujours impuissante à assurer la civilisation et la colonisation de la régence d'Alger.

Une des considérations que les partisans de la conservation de notre conquête d'Alger font valoir, la plus puissante sans doute, ce sont les avantages commerciaux qui en résulteront pour le commerce de nos villes du midi.

Ils reconnaîtront que le système dans lequel je conseille au gouvernement d'entrer est conservateur de ces avantages, et qu'il est propre à en éterniser la durée.

Cette idée de la remise de la régence d'Alger à une grande compagnie *européenne* m'est venue en 1830, alors que j'étais en Afrique comme rapporteur de la commission d'enquête chargée d'informer sur les accusations parvenues au gouvernement relativement à la prise de possession des trésors de la régence.

Dès cette époque, et dans mes rapports à messieurs les ministres de la guerre et des finances (1), j'ai dit que ce moyen était le seul qui pût amener la civilisation et la colonisation de cette partie de l'Afrique, et j'ai développé cette idée dans un article que j'envoyai au *Constitutionnel* (2), en réponse à l'extrait d'un rapport de M. Volland, alors intendant de l'armée d'Afrique, que ce journal avait donné la veille, et qui contenait sur la question de colonisation de la régence d'Alger, des propositions dont l'adoption par le gouvernement me paraissait, comme celle qui surgissent de nos jours, d'une application dangereuse ou complètement stérile.

Dans ces rapports que j'adressai à MM. les ministres, ainsi que dans ma réponse au rapport de M. l'Intendant militaire Volland, j'ai manifesté mon étonnement de l'absence de toutes fortifications au pied de l'Atlas, et, abordant l'examen du système de défense qu'il convenait d'adopter pour garantir la plaine de la Mitidja contre les attaques et les excursions-dévastatrices des Bedouins et des Cabyles, je dis qu'il eût fallu, qu'il fallait construire de suite au bas de ces montagnes, le long de leur périmètre,

(1) D'Alger, octobre 1830. — De Paris, à mon retour, décembre 1830.
(2) 9 décembre 1830.

et à partir du cap Matifoux, de petits forts ou blok-housses placés de distance en distance, en les liant entre eux par des détachemens de troupes, et de manière à fermer tous les débouchés dans la plaine.....

Je suis heureux que mon opinion d'alors, mon opinion vieille bientôt de trois ans, ait obtenu l'assentiment de M. le maréchal Clauzel, qui vient, dans ses *nouvelles observations sur la colonisation d'Alger*, de présenter ce système de défense comme le seul bon, le seul capable d'assurer la mise paisible en culture de la plaine de la Mitidja.

Mais je me demande comment une pensée aussi simple, aussi naturelle, n'est pas venue à l'esprit des différens chefs militaires qui ont eu le commandement de notre armée en Afrique postérieurement à M. Bourmont?

Je me demande encore comment le dessèchement de la partie de cette belle plaine qui est en nature de marais, et qui pousse jusque dans nos cantonnemens les émanations délétères qui déciment nos troupes, et s'opposent même à ce que nous étendions plus loin l'occupation dans cette plaine; je demande, dis-je, comment ce dessèchement n'a pas provoqué, dès le commencement de l'occupation, la sollicitude des chefs de l'armée et celle du gouvernement? Quelle économie il eût produite dans la grande consommation d'hommes que nous avons faite en Afrique depuis trois ans! sans compter que les travaux agricoles, nuls encore aujourd'hui, auraient pu en recevoir quelques développemens.

Dans ses *nouvelles observations*, M. le maréchal Clauzel a présenté sur les produits commerciaux que la mise en culture de la plaine de la Mitidja donnerait, comparativement à ceux de nos trois colonies dans les Indes, des aperçus qu'il ne faut ni adopter ni repousser, attendu que ce qui rentre dans le domaine des hypothèses n'est pas susceptible de controverse raisonnable. Je pense donc que ceux qui accusent d'exagération ces aperçus, comme ceux qui en soutiennent l'exactitude, ont également tort.

Quant aux détails que M. le maréchal Clauzel donne pour faire connaître la dépense que l'exécution du système de défense qu'il propose, et dont j'ai parlé plus haut, occasionerait, il est urgent, ainsi que je l'ai dit et écrit il y a bientôt trois ans, d'adopter ce système. Or, si le gouvernement trouve quelque ingénieur qui consente à l'exécuter d'après des plans arrêtés d'avance, moyennant la somme de 419,000 fr., à laquelle M. le maréchal Clauzel en élève la dépense, je pense que le gouvernement ferait une bonne affaire en en traitant à ce prix, mais en exigeant des garanties de bonne exécution.

Il est encore une autre manière de tirer un grand avantage de notre conquête d'Alger: ce serait de la remettre à Mehemet-Ali contre la cession de l'île de Candie. L'acquisition de cette île importante mettrait la France en position de faire

. sentir son influence en Grèce et dans l'Orient ; elle lui donnerait de bons et vastes ports capables de recevoir de grands établissemens maritimes, chose qui manque à la France dans les mers du Levant, et qu'elle ne trouve pas sur le littoral de la régence d'Alger où il n'existe aucun port, aucune rade où elle pût au besoin rassembler une flotte, et où il lui serait impossible, quelque dépense qu'elle fît, d'en créer qui lui en offrissent le moyen. De nouveaux, d'importans débouchés pour son commerce seraient encore le résultat de l'acquisition de l'île de Candie.

Mais l'Angleterre, mais la Russie consentiraient-elles à cet échange qu'accepterait sans doute Mehemet-Ali ?

Vu l'état d'hostilité dans lequel la Russie se place en Orient à l'égard de la France et de l'Angleterre, cette question n'est à examiner que par rapport à cette dernière puissance, qui entendrait mal ses intérêts, ou se montrerait trop exclusive, si, dans la crainte de voir la France acquérir un bon établissement maritime dans les mers du Levant, elle s'opposait à ce que l'échange dont il s'agit eût lieu.

Dans tous les cas le gouvernement d'un pays comme le nôtre doit savoir vouloir ce qui est nécessaire à sa force, à la défense de ses intérêts, à sa sûreté, et l'imposer aux gouvernemens qui, par une insultante jalousie, prétendraient s'opposer à l'exécution de sa volonté.

www.ingramcontent.com/pod-product-compliance
Lightning Source LLC
Chambersburg PA
CBHW061451050726
47593CB00004B/1542